MES
LOISIRS

PAR

LUDOVIC CAVALLIER

PARIS
JULES LAISNÉ, ÉDITEUR
PASSAGE VÉRO-DODAT
—
1850

MES
LOISIRS

Imprimerie de GUSTAVE GRATIOT, 11, rue de la Monnaie.

MES
LOISIRS

PAR

LUDOVIC CAVALLIER

PARIS
JULES LAISNÉ, ÉDITEUR
PASSAGE VÉRO-DODAT
—
1850

Le petit recueil de poésies que je livre au public n'était pas destiné à l'impression. Lorsque je jetais sur le papier le trop plein de mon cœur, je ne le faisais que pour moi ; car, mieux que personne, je connaissais ma faiblesse.

Cependant, puisque, cédant aujourd'hui aux instances de quelques amis trop prévenus en ma faveur, je m'écarte de la ligne que je m'étais imposée, qu'il me soit permis de solliciter l'indulgence de la critique et de présenter ma défense en peu de mots.

Je ne me fais point illusion sur le mérite littéraire de ma brochure ; je sais qu'elle fourmille de défauts. Ma jeunesse, mon inexpérience se révèlent à chaque pas, et il me faut un courage bien grand pour oser mettre mon nom à une œuvre si imparfaite. Qu'on n'aille pas s'imaginer que je me sois, un seul instant, laissé aveugler par l'amour-propre. Non. Je sais toute la gravité des périls qui m'attendent ; mais il m'a semblé que ce serait un acte de lâche abandon envers le parti auquel je m'honore d'appartenir, que de n'oser laisser entrevoir mes opinions politiques que sous le voile de l'anonyme : à ce sujet, et afin de couper court à toute interprétation, je crois devoir déclarer que si j'appelle de tous mes vœux l'avénement de la République démocratique et sociale, ce n'est que du progrès pacifique que j'attends la réalisation de mes espérances. Lorsqu'un peuple a entre les mains une arme aussi puissante, aussi irrésistible que celle du suffrage universel, il est inutile de faire appel à la violence : le bon sens populaire amène infailliblement et légalement le triomphe du système qui grandit le plus l'homme et le citoyen.

Un mot encore, et j'ai fini. On blâmera peut-être

l'exiguïté de ma publication. Je n'ai qu'une réponse ; la voici : Si je trouve appui, encouragement, bienveillance, j'espère, par mon travail, mon ardeur à suivre les conseils qu'on voudra bien me donner, ne pas rester au-dessous de la tâche que j'entreprends avec tant de témérité aujourd'hui ; si, au contraire, je ne rencontre que découragement et déception, quelque limité que soit le nombre de mes vers, il aura toujours été trop grand.

A présent, qu'en adviendra-t-il de ce pauvre petit ballon que je lance au milieu des orages? Dieu seul le sait; mais je tremble de le deviner.

LUDOVIC CAVALLIER.

Paris, 15 février 1850.

A CLÉMENCE.

Je veux pour toi préluder sur la lyre.
Ici, Clémence, asseyons-nous tous deux.
Je sens l'amour qui m'anime et m'inspire.
Je chanterai de mon cœur le délire,
Je chanterai le charme de tes yeux
Et le bonheur que je trouve en ces lieux.

Ne sens-tu pas comme moi, mon amie,
De cet air pur le parfum savoureux?

Que ton regard erre sur la prairie ;
N'est-il pas vrai qu'elle est verte et fleurie ?
Vois, quel spectacle elle étale à nos yeux !
Pour moi, je sens que mon âme flétrie
Avec transport se rattache à la vie :
Pourquoi mourir si je me trouve heureux ?

Tiens, près de nous, regarde cette rose
Qui du matin fraîchement est éclose ;
Regarde-la : fière de ses couleurs,
Elle s'élève au-dessus de ses sœurs.
Vois : elle s'ouvre avec un doux sourire.
Elle palpite au souffle de Zéphire,
Et, s'agitant, elle semble nous dire :
« L'herbe est touffue et le ciel radieux.
De ce séjour l'aspect délicieux
Ne plaît-il point à vos cœurs amoureux ?
Oseriez-vous, à ces lieux si tranquilles,
Fous, préférer vos étouffantes villes ?

Que tous vos sens se donnent à l'amour,
Lors vous saurez ce que vaut ce séjour. »

Viens, mon amie, allons dans le bocage,
Nous jouirons de la fraîcheur du bois,
Et, protégés par un épais feuillage,
Du rossignol nous entendrons la voix.
Chut! écoutons : le voilà qui soupire.
Que ses accords sont tendres et touchants !
Il peint l'amour, ses feux et son martyre ;
Le désespoir éclate dans ses chants.
. . . .
. . . .

Mais toi, ma bien-aimée et mon bonheur suprême,
Oh ! laisse qu'à tes pieds je dise que je t'aime ;
Laisse-moi reposer ma tête sur ton sein ;
Laisse-moi respirer ta douce et pure haleine,

Contempler tes beaux yeux dont le pouvoir m'enchaîne,
    Et dans ma main tenir ta main.

Ton front, pareil au feu, brûle mon front qu'il touche.

Clémence, sur ta main laisse imprimer ma bouche,

A mon amour brûlant c'est la goutte de miel.

Quand je te vois ainsi la paupière mi-close,

Et que je sens ton cœur qui sur mon cœur repose,
    Il me semble être dans le ciel.

    Dis-moi, ma noble et belle amie,
    Quel bien est-il dans cette vie,
    A mes yeux, plus digne d'envie
    Que de posséder ton amour?
    Car ton amour est la puissance
    Qui, pour moi, dore l'existence;
    Sans ton amour plus d'espérance,
    Plus de gaîté, plus de beau jour.

Ton amour est pour moi ce qu'une fraîche source
Est pour le voyageur fatigué de sa course;
  Ce que la rosée est aux fleurs.;
Ce que le soleil est à toute la nature;
Ce qu'est au rossignol du ruisseau le murmure;
  Ce que le baume est aux douleurs.

Il me faut ton amour comme la sève aux plantes;
Comme il faut à la voix des notes entraînantes;
Comme il faut le rayon, l'expression aux yeux;
Comme il faut le silence aux hymnes du poète;
Comme il faut le tumulte à l'ardeur inquiète;
Comme il faut à la rose un éclat orgueilleux.

Il me faut ton amour comme l'air que j'aspire;
Comme à la mère il faut de son fils le sourire;
  Comme à la lyre il faut le son;
Comme il faut l'océan à la blanche mouette;

Comme il faut le bosquet à la tendre fauvette ;
Comme il faut l'aurore au pinson.

A MARIE.

Mes adieux.

Si quelquefois, durant ton long voyage,
L'astre du jour se montrait nébuleux ;
Si sur la mer se levait un orage,
Sois confiante, et reçois mes adieux.

Sois confiante, et Dieu, notre bon père,
Ne voudra pas repousser les doux vœux
Que tous les soirs lui porte ma prière.
Ne crains donc plus, et reçois mes adieux.

Quand tu verras le sol de la patrie,
Et que des pleurs viendront mouiller tes yeux,
Garde toujours en ton âme attendrie
Mon souvenir, et reçois mes adieux.

Encore adieu, belle et chère Marie;
Mon cœur se brise à ce mot douloureux.
Seul, maintenant, je vais traîner ma vie;
Mais, il le faut, reçois donc mes adieux.

A ISAURE.

Oh ! que tes traits sont doux et qu'ils sont pleins de charme !
Isaure, de ton cœur repousse toute alarme,
Tourne vers l'avenir un visage serein.
Tu possèdes, tu sais, mon âme tout entière ;
Et si tout autre appui te manquait sur la terre,
Tu trouverais toujours un refuge en mon sein.

Mon amour, mon espoir, mon Isaure chérie,
Cesse de soupirer. Oh ! chasse, je t'en prie,
Chasse de tes beaux yeux cet air sombre et pensif ;

Laisse errer sur ta bouche un gracieux sourire ;
Que l'amour, l'amour seul, dans tous tes traits respire :
De ta tristesse, enfant, quel est donc le motif ?

Parle, veux-tu mon sang ? Veux-tu qu'à l'instant même,
En mourant à tes pieds, je prouve que je t'aime ?
Ou bien aimes-tu mieux que, bravant le destin,
Renonçant pour toujours à ce monde perfide,
Nous dérobant à tous d'une fuite rapide,
Nous vivions l'un pour l'autre en un climat lointain ?

Mais, vas, que de tes pleurs la source se tarisse ;
Le ciel, j'en suis certain, nous deviendra propice.
Alors, Isaure, alors libre de tout lien,
Pouvant à haute voix t'avouer ma tendresse,
Je vivrai près de toi des jours remplis d'ivresse,
Mettant tout mon bonheur à compléter le tien.

AUX RÉPUBLICAINS DE LA VEILLE.

8 mai 1848.

Pourquoi faut-il qu'à vos chants de victoire,
Frères, mes yeux répondent par des pleurs,
Moi qui voudrais célébrer votre gloire,
Sur les martyrs effeuiller quelques fleurs?
Ah! pardonnez, bien vive est ma souffrance.
Si vous chantez, moi je gémis tout bas :
    A vos côtés je ne suis pas,
    Et vous travaillez pour la France!

Je crois vous voir : les traits noircis de poudre,
Et la fureur peinte dans les regards,

Des bataillons vous affrontiez la foudre,
Et du combat vous braviez les hasards.
A tout jamais je maudis mon absence :
Quand vous cherchiez un glorieux trépas,
    A vos côtés je n'étais pas,
    Et vous combattiez pour la France !

Quand les derniers soutiens de l'égoïsme,
Après deux jours de lutte dans Paris,
Durent céder devant votre héroïsme,
La Liberté répondit à vos cris.
Ce fut alors le tour de la clémence :
Tous les Français se tendirent les bras.
    A vos côtés je n'étais pas,
    Et vous ennoblissiez la France !

Quand la valeur fut par vous honorée,
D'un peuple entier s'ébranlèrent les flots,
Et, du milieu de la foule éplorée,

On entendit éclater les sanglots.
Ce deuil public était la récompense
Des citoyens frappés dans les combats.
 A vos côtés je n'étais pas,
 Et vous pleuriez avec la France !

Mais, loin de nous repoussons ces images.
La République unit tous les Français ;
A notre histoire il reste encor des pages
Où nous pourrons inscrire nos hauts faits.
Et si jamais les rois, dans leur démence,
Osaient s'armer contre nos libertés,
 Vous me verriez à vos côtés,
 Combattre et mourir pour la France !

A MA COUSINE

Pour le jour de sa fête.

I

Ah ! puisses-tu toujours t'avancer dans la vie,
  Le front calme et serein !
Puisses-tu ne jamais goûter à cette lie
  Qui vous brûle le sein !

II

Qu'un sourire toujours vienne errer sur ta bouche,
Que toujours le sommeil soit l'hôte de ta couche,
Que Dieu loin de ta route écarte les malheurs,

Et puisse, sous tes pas, la riante nature
Faire éclore toujours son tapis de verdure,
    Et le printemps toujours ses fleurs !

III

Enfin soit que la lune dore
Du lac bleu les limpides eaux,
Soit que l'astre du jour colore
La cime de nos verts côteaux,
Que toujours ton cœur soit en joie,
Et que de ta félicité
Chaque soir ta prière envoie
L'hommage à la Divinité !

LE JEUNE VOLONTAIRE.

14 avril 1848.

Oh ! ma mère, arrêtez. Si votre voix me crie :
Pitié pour mon amour, pitié pour mes vieux ans !
J'entends aussi la voix de ma belle patrie
Qui s'écrie : « Accourez ! à moi tous mes enfants !
« L'orgueilleux étranger me jette la menace,
« Il ose me braver, oubliant ma grandeur ;
« Aux frontières, enfants ! châtiez son audace :
« Entre vos mains la France a remis son honneur.

« Eh quoi ! trente ans de paix ont-ils changé ma face,
« Ont-ils éteint le feu de mes puissants regards,

« Qu'ils osent maintenant me défier en face
« Ceux qui fuyaient jadis devant mes étendards?
« Oui, de la Liberté je me fais protectrice,
« Armez-vous donc, enfants, pour défendre ma sœur!
« Volez! un beau laurier vous attend dans la lice :
« Entre vos mains la France a remis son honneur.

« Ils vont revivre encor, ces beaux jours de ma gloire,
« Où, des rois éperdus, les soldats incertains
« Essayaient vainement de fixer la Victoire,
« La fiancée, alors, de mes républicains.
« Allez, dignes enfants de si glorieux pères !
« Montrez au monde entier ce que peut un grand cœur.
« Aux armes ! le péril vous appelle aux frontières :
« Entre vos mains la France a remis son honneur. »

Mère, vous le voyez, à cette voix chérie,
Tout enfant de la France au danger doit courir,
Et doit pour son pays sacrifier sa vie.

Ma vieille mère, adieu, je vais vaincre ou mourir.
Ah! vous me bénissez et vous séchez vos larmes.
« Va, dites-vous, mon fils, combattre l'agresseur. »
Merci, mère, merci. Nous, citoyens, aux armes!
Entre nos mains la France a remis son honneur.

A VALENTINE.

Le voyage.

Quand sur mon char rapide,
Emporté loin de toi,
Je vois d'un œil humide
Courir derrière moi

Les montagnes pelées,
Les gracieux côteaux,
Les profondes vallées,
Les maisons, les châteaux,

De la céleste voûte
Les nuages dorés,
Les arbres de la route,
L'herbe verte des prés,

A ma raison débile
Il semble par moment
Que je suis immobile
Au sein du mouvement.

Mais bientôt le vertige
De la rapidité
Fuit comme le prestige
Devant la vérité.

Lors, détournant la vue,
Je sens mon cœur gémir,
D'une douleur aiguë
Tout mon être frémir ;

Et, brisé de souffrance,
Je me dis plein d'effroi :
Tout cet espace immense
S'étend entre elle et moi !

A VALENTINE.

L'absence.

Quelle est cette lueur ? Peut-être est-ce l'aurore
      Qui vient clore la nuit.
Mais une sombre nuit dans mon cœur règne encore,
      L'espoir jamais n'y luit.

Oui, c'est le jour. Hélas ! peut-être qu'à cette heure,
Soulevant, languissante, un regard soucieux,
En pensant au départ elle soupire et pleure,
Et je ne suis pas là pour essuyer ses yeux !

Peut-être qu'un doux songe à ses maux faisant trève,
Lui montre le malheur la persécutant moins ;
Et, lorsque le réveil démentira le rêve,
Je ne serai pas là pour lui donner mes soins !

Séparés ! séparés ! que m'importe le reste ?
Je l'aime, et les instants s'écoulent sans la voir.
Ne dit-elle pas tout cette phrase funeste ?
Eh bien ! donc, hors de là, je ne veux rien savoir.

Mais puisque de mon mal me montrant mieux le gouffre
   L'aube par son retour,
Ote l'illusion à mon âme qui souffre ;
   Que maudit soit le jour !

A LA LIBERTÉ.

19 juin 1848.

1

Liberté ! je t'aimais dès mon heureuse enfance,
Alors que sous le ciel de ma chère Provence
Un seul de tes regards embellissait mes jeux.
Je bravais du mistral l'influence glacée,
J'ignorais jusqu'au nom d'une triste pensée,
      Je bondissais joyeux.

2

Je te dressai plus tard un autel dans mon âme,
Et mon cœur, altéré de ta céleste flamme,
De tes fortes leçons aimait l'austérité.
De mon amour brûlant j'ose t'offrir un gage.
C'est l'obole du pauvre. Accueille mon hommage,
      Puissante déité !

I

Deux océans fameux caressent de leurs ondes,
Vers le sud de l'Europe, en face des deux mondes,
Le pays enchanté d'un peuple généreux
A qui Dieu confia le sacré ministère
De défendre le faible et dit : Sois pour la terre
Un phare lumineux.

II

Chaque jour remportant une palme nouvelle,
La France avait conquis une gloire immortelle,
Sans vengeance jamais n'avait laissé l'affront ;
Et, sûre de son droit comme de sa puissance,
Reposait dans sa force et sa magnificence,
Une auréole au front.

III

Pourtant, payant tribut aux misères humaines,
La France vit un jour des cohortes hautaines
A Paris apporter une insolente loi.
Elle, qui des grandeurs avait atteint le faite,

Sur un ordre étranger, courba sa noble tête
    Sous le sceptre d'un roi !

IV

Quinze ans elle contint sa trop juste colère.
Mais, bientôt, le torrent du courroux populaire
En trois jours renversa le monarque félon.
Et ce pouvoir tomba sans plus laisser de trace
Que n'en laisse le bruit, lorsqu'il est dans l'espace
    Porté par l'aquilon.

V

Sous le royal bandeau les potentats pâlirent.
Au cri de liberté ! les peuples tressaillirent,
Espérant cette fois des temps plus fortunés.
La France ne sut point user de sa victoire.
Elle pouvait pourtant écraser de sa gloire
    Tous les fronts couronnés.

VI

A la paix de l'Europe offrant un sacrifice,
Sa main sanglante encor rétablit l'édifice.

Elle assit sur le trône une autre royauté.
Fatale illusion d'un cœur trop magnanime !
Elle se vit réduite à pleurer comme un crime
    Son trop de loyauté.

VII

La France, alors, la France indignement trahie,
Maudissant, mais trop tard, sa sublime folie,
Désespéra de Dieu, douta de son destin.
Les peuples, conservant un rayon d'espérance,
Imploraient du regard le secours de la France ;
    Ils l'imploraient en vain.

VIII

Ce grand peuple français, perdant toute mémoire,
Comme sa mission reniait son histoire.
Cependant quelquefois, déchiré de douleur,
Honteux de son repos, se relevant sévère,
Il fixait sur les rois un œil plein de colère,
    Et les rois avaient peur.

IX

Mais l'éclair passager de cette fureur sombre,
Ainsi qu'un feu follet disparaissait dans l'ombre.
O France, ô mon pays ! de grâce, écoute-moi,
Reviens de ta langueur, chasse ta léthargie,
Rappelle, au nom du ciel, ton antique énergie,
   Lève-toi, lève-toi !

X

Écoutez. Un bruit sourd s'échappe de la terre ;
L'écho gémit, frappé des éclats du tonnerre ;
Sous nos pas chancelants le sol s'est agité ;
L'horizon disparaît dans des flots de poussière ;
Le soleil d'un nuage a voilé sa lumière
   Et n'a plus de clarté.

XI

L'arbre tombe, et des bois le rideau se déchire ;
Dans les airs obscurcis l'oiseau tremblant soupire ;
L'habitant des forêts, épouvanté, rugit ;
Les monts ont tressailli de la base à la cime ;

Et, dans ce grand conflit mêlant sa voix sublime,
  La mer monte et mugit.

XII

Puis le bruit s'est éteint. O soudaine merveille !
Entendez-vous ces chants qui, frappant notre oreille,
En magiques accords s'élancent vers les cieux ?
En un instant la terre a repris sa parure ;
L'océan se retire et doucement murmure ;
  Le jour est radieux.

XIII

Les prés sont plus riants, plus fraîches les collines ;
Un air pur et léger dilate nos poitrines ;
Nos voix ont plus d'éclat, nos yeux plus de fierté ;
La nature, jadis languissante et flétrie,
Orgueilleuse aujourd'hui reparait embellie
  D'un air de liberté.

XIV

Que s'est-il donc passé ? Pendant que les ténèbres
Nous tenaient prisonniers sous leurs voiles funèbres ;

Que d'un effroi mortel nos cœurs étaient remplis ;
Que nous étions brisés sous une attente horrible ;
Quels décrets d'un destin mystérieux, terrible,
Se sont donc accomplis ?

XV

La France a redressé sa haute et noble taille ;
Au principe du mal elle a livré bataille ;
Aux peuples asservis elle promet appui ;
Elle brise leurs fers et d'une voix tonnante
Elle crie aux tyrans atterrés d'épouvante :
LA RÉPUBLIQUE A LUI !

26 juin 1849.

I

Quand j'écrivais ces vers, eussé-je donc pu croire
Qu'il eût suffi d'un an pour flétrir notre gloire,
Pour nous humilier aux yeux de l'étranger ?
Eussé-je pu penser qu'un jour la République,
Du système tombé suivant la politique,
Se montrerait tremblante en face du danger ?

II

La faiblesse au dehors, au dedans la misère !
Un parti, n'écoutant qu'une aveugle colère,
A ses folles terreurs sacrifiant l'État,
Tout noble sentiment desséché dès sa source,
Et notre dignité se cotant à la Bourse !
Fallait-il donc du sang pour un tel résultat ?

III

Toi, qui reçus du ciel tant de dons en partage,
De vingt siècles veux-tu repousser l'héritage ?
Réponds, peuple français. Sans force, sans vertu,
Veux-tu que ton pays de son piédestal tombe,
Sous le poids du mépris que son beau nom succombe,
Veux-tu mourir ainsi, réponds-moi, le veux-tu ?

IV

Lève, lève les yeux. Contemple ta bannière.
Tes pères l'ont portée haute, puissante et fière.
De la gloire elle sut leur montrer le chemin.

Ah ! si de la porter tes bras ne sont plus dignes,

Respecte-la, du moins, et choisis pour insignes

Une femme tenant un fuseau dans sa main.

V

Mais si l'honneur pour toi n'est point un mot sans force,

Et si ton cœur encor n'est flétri qu'à l'écorce,

D'un illustre poëte écoute le conseil :

« Prête, dit-il, l'oreille aux accents de l'histoire*. »

Puissent ces mots sacrés du chantre de la gloire,

O peuple, t'arracher à ton profond sommeil !

* Béranger. Ode : *Honneur aux Enfants de la France.*

AUX ÉLECTEURS

Sur la non réélection de M. de Lamartine.

En mer, 4 juin 1849.

Non, je n'accepte pas l'injustice en silence,
Et, malgré ma faiblesse et mon obscurité,
Je dis sans hésiter que de votre sentence,
Électeurs, j'en appelle à la postérité.

Ne voyez-vous donc pas, aveugles que vous êtes,
Ce point noir, menaçant, à l'horizon du nord?
Regardez : il s'élève, il est gros de tempêtes,
Il renferme en ses flancs la ruine et la mort.

Le fier czar en tous lieux signale sa puissance
Par des peuples domptés, égorgés lâchement.
En haletant de rage, il parle de clémence.
De la clémence, lui ! voyez-vous pas qu'il ment?

Encor tout dégouttant du sang de Varsovie,
A de joyeux transports voyez-le se livrer.
O volupté du tigre ! il a vu la Hongrie :
Du sang d'un autre peuple il va donc s'enivrer !

Et vous pouvez penser que l'orgueilleux Sarmate
Bornera ses exploits à ce meurtre nouveau !...
Ah ! ne savez-vous pas que le sombre autocrate
De toute liberté veut être le bourreau ?

Ainsi, c'est au moment que l'orage s'apprête,
Lorsque plus que jamais vous devez vous unir,
Que vous fermez l'arène au courageux athlète !
De vous avoir servis le voulez-vous punir?

Naguère vous chantiez ses vertus, son civisme ;
Votre admiration le suivait pas à pas,
Et vous osez pourtant le frapper d'ostracisme,
Alors que vont s'ouvrir les plus graves débats !

N'a-t-il plus son grand cœur, sa sublime éloquence
L'amour de son pays s'est-il éteint chez lui ?
Ne lui devez-vous pas quelque reconnaissance ?
Pouvez-vous, sans remords, l'écarter aujourd'hui ?

Mais pourquoi rappeler tous ses titres de gloire,
Dont l'éclat rayonnant a rejailli sur nous ?
Son nom, depuis longtemps, appartient à l'histoire,
Et l'histoire saura le juger mieux que vous.

AUX OPTIMISTES.

16 août 1849.

Dans les regrets et la noire tristesse
Je vois mes jours lentement se flétrir,
Et dans mon œil de l'ardente jeunesse
A peine brille un faible souvenir.

    Chaque jour le néant avide
    A mon front ajoute une ride.
    Et pourtant j'ai des rêves d'or ;
    Et pourtant je sens que ma vie
    A sa source n'est point tarie,
    Et que mon cœur est jeune encor.

On me dit cependant : « Ton âme est trop féconde
« A te créer un mal et chimérique et vain.
« Tu peux compter parmi les heureux de ce monde ;
« Cesse donc, cesse, enfant, de pleurer ton destin.

« Le sort, dont tu te plains toujours avec colère,
« Ne t'a jusqu'à ce jour montré que ses faveurs.
« Si tu trouves parfois une épine légère,
« Dois-tu jeter au vent ta couronne de fleurs ?

« L'imagination seule fait ton supplice.
« De ton trop de bonheur, enfant, si tu n'es las,
« Redoute, en accusant Jéhovah d'injustice,
« D'attirer le malheur que tu ne connais pas.

« Au lieu de t'affliger, laisse flotter ta vue
« Sur ces monts verdoyants, sur l'azur de ce ciel ;
« Regarde ce spectacle, et de ton âme émue
« Tu sentiras bientôt s'évanouir le fiel. »

Ainsi l'aspect de la nature
Suffira pour guérir mon mal :
Mes plaintes ne sont qu'imposture
Et mon esprit un don fatal.

Si j'avais du sang au visage,
On comprendrait alors mes cris ;
On applaudirait mon courage
Si je me taisais par mépris.

Mais comme interne est ma blessure,
Et que l'homme n'est qu'animal,
Il faut étouffer le murmure :
On ne souffre point au moral.

L'amour est une maladie
Qu'on guérit avec du quina ;
Le dévoûment une folie
Qu'un poëte un jour inventa :

Trois ou quatre grains d'ellébore
Sont un remède souverain.
Souffrez-vous ? quatre grains encore,
Et vous serez guéri demain.

Ah ! je ne puis soutenir davantage
Ce ton léger qui me brise le cœur,
De l'ironie affecter le langage
Lorsque mon sang bouillonne de fureur.

Vous qui blâmez, dans votre intolérance,
Le cri qui peut troubler votre repos ;
Vous qui voyez avec indifférence
Le mal d'autrui, mais non vos propres maux ;

Vous qui n'avez que la raison pour guide,
Puisque le cœur chez vous n'existe pas,
Qui rougiriez si votre voix timide
De la pitié décelait l'embarras ;

Rassurez-vous : je saurai me contraindre ;
Je ne veux pas fatiguer vos esprits ;
Je ne veux pas vous forcer à me plaindre ;
Je veux garder vos droits à mes mépris.

Rassurez-vous : je ne veux pas défendre
Les sentiments que Dieu mit dans mon cœur :
Pour moi, vraiment, ce serait trop descendre ;
Pour vous, messieurs, ce serait trop d'honneur.

HENRI.

17 novembre 1849.

I

Le jour baisse, et bientôt il s'efface dans l'ombre.
La nuit vient; mais la nuit est froide, triste, sombre :
Elle s'étend partout comme un voile de deuil.
L'orfraie, avec effort, loin de son trou s'élance,
Et son cri discordant qui trouble le silence
Semble un cri de douleur poussé sur un cercueil.

II

C'est le moment lugubre où l'animal immonde
Prend ses tristes ébats dans une nuit profonde.

D'un vol pesant et lourd il fait retentir l'air ;

Et soudain l'ouragan, éclatant avec rage,

Domine tout le bruit, et porte le ravage

Au milieu de nos bois dépouillés par l'hiver.

III

Tout est calme au château. Pourtant une lumière,

Traversant d'un rideau la discrète barrière,

Laisse flotter dans l'ombre un éclat incertain.

La tempête au dehors redouble de furie ;

Sous son souffle puissant l'arbre se tord et crie,

Et la foudre parfois gronde dans le lointain.

IV

Henri repose-t-il, ou bien, loin du vulgaire,

Dérobe-t-il à tous sa veille solitaire ?

Pleure-t-il sa jeunesse attaquée en sa fleur,

Ou, d'un sommeil léger subissant l'influence,

Espère-t-il encor ressaisir l'existence,

Et d'un heureux amour savourer la douceur ?

V

L'amour, hélas ! l'amour, séduisante chimère,
Ne fait que rendre encor sa douleur plus amère.
Le nombre de ses jours est limité par Dieu.
Il mourra sans presser la main de son amie ;
Il mourra sans sentir une bouche chérie
Déposer sur son front le baiser de l'adieu.

VI

La tourmente s'épuise en fougueuses rafales ;
Sa voix ne rugit plus qu'à de longs intervalles.
Des étoiles déjà scintillent dans les cieux ;
Les éléments rivaux ont suspendu leur guerre ;
Le repos et la nuit règnent seuls sur la terre ;
La lune a découvert son croissant gracieux.

VII

Minuit sonne à la tour : c'est une heure fatale ;
C'est l'heure où, soulevant leur pierre sépulcrale,

Les fantômes hideux, échappés du tombeau,
S'élancent à travers les paisibles campagnes;
Et leurs cris, répétés par l'écho des montagnes,
Font hurler de terreur les dogues du château.

VIII

On dit que chaque nuit, lorsque sonne cette heure,
Henri, secrètement, sort seul de sa demeure,
Et qu'il va par les bois le front triste et pensif.
On dit que quelquefois le sol de la terrasse
De pas précipités a conservé la trace,
Et que souvent dans l'ombre éclate un chant plaintif.

IX

. . . .
. . . .
. . . .
. . . .
. . . .
. . . .

1

Ma poitrine se brise et mon cœur se déchire.
Vainement de la mort je voudrais m'éloigner
Dans mon faible cerveau s'agite le délire.
C'en est fait, je le sens, il m'y faut résigner.
     A vingt ans que la vie est belle !
     A vingt ans cependant je meurs ;
     Je meurs loin de mon père et d'elle :
     Ainsi, coulez, coulez mes pleurs.

2

Comme un frêle roseau s'abat sous un orage,
Sous le mal qui m'étreint mon front a dû fléchir.
Mais quand de l'horizon s'est enfui le nuage,
Le roseau se relève et balance au zéphyr ;
     Tandis que, sourd à ma prière,
     Le sort m'abat sous ses rigueurs,
     Et que loin d'elle et de mon père
     Je meurs, ainsi, coulez mes pleurs.

5.

3

La nature, dans peu de l'hiver triomphante,
Comme un homme arraché des serres du trépas,
Après un long combat renaîtra plus brillante ;
Mais, cet instant si beau, je ne le verrai pas ;
    Car, en ce moment, ma poussière
    Servira d'aliment aux fleurs,
    Que celle que j'aime et mon père
    Baigneront peut-être de pleurs.

4

Tout repose, tout dort dans la nature entière.
J'admire de la nuit le calme solennel ;
Mais tout s'éveillera quand viendra la lumière :
Moi seul je dormirai d'un sommeil éternel.
    Je touche à mon heure suprême,
    Et, pour couronner mes malheurs,
    Mon père ni celle que j'aime
    Ne peuvent essuyer mes pleurs.

5

Adieu donc, mes amis ! adieu donc, ma patrie !
La force m'abandonne et je me sens mourir.
Adieu donc, ô mon père ! adieu donc, mon amie !
Que vous allez pleurer, que vous allez souffrir !
    Emma, songe à mon pauvre père ;
    Que ton amour sèche ses pleurs !
    Pour moi, je vais trouver ma mère.
    Adieu... je vous aime... et je meurs.

X

Ainsi chantait Henri. Sa voix, d'abord vibrante,
Maintenant faiblissait et s'éteignait mourante.
Un principe de vie en lui luttait encor ;
Mais son âme, brisant une chaîne fragile,
Allait se dégager de sa prison d'argile
Et prendre vers le ciel un radieux essor.

XI

Tout à coup dans les airs luit un éclair rapide :
Son reflet dans la nuit est sinistre et livide ;

La foudre avec fracas ébranle le château :

Henri reste insensible aux cris de la tempête.

Sur son sein doucement il incline la tête,

Et serre autour de lui les plis de son manteau.

XII

Des coteaux d'alentour l'aube blanchit la crête ;

L'orfraie, en gémissant, regagne sa retraite ;

On entend dans les bois siffler le vent du nord :

Celui qui fut Henri gît là, sur la terrasse ;

Le cachet du néant est marqué sur sa face.

Hélas ! comme le cygne, il a chanté sa mort.

I

A quelque temps de là, derrière la charmille,

Un vieillard, appuyé sur une jeune fille,

S'avançait lentement triste et silencieux,

Mais leurs mains se parlaient dans leur pression tendre.

Ils n'avaient pas besoin de la voix pour s'entendre ;

On le voyait aux pleurs qui coulaient de leurs yeux.

II

Le vieillard s'arrêta sur un banc de verdure,
Et son regard terni flottait à l'aventure,
Et son âme évoquait de cruels souvenirs ;
Tandis qu'auprès de lui sa compagne chérie
En guirlande tressait des fleurs de la prairie,
Et de son cœur blessé retenait les soupirs.

III

Bientôt la jeune fille et le sexagénaire
Dirigèrent leurs pas vers un bois funéraire,
Asile impénétrable aux rayons du soleil,
Où reposait, couché sous une pierre humide,
Henri dont ils pleuraient la perte si rapide,
Henri, qui dormait là de son dernier sommeil.

IV.

La jeune fille alors, déposant son offrande,
Aux branches de la croix attacha sa guirlande.
« Henri ! s'écria-t-elle, Henri, regarde-nous ! »
Mais son corps épuisé trahissant son courage,

Elle tomba sans voix, la mort sur le visage,
Dans les bras du vieillard, qui priait à genoux.

V

Et tous deux, prosternés devant la croix de pierre,
Élevèrent au ciel leur ardente prière,
Qu'interrompait parfois un sanglot déchirant ;
Et les anges émus recueillaient en silence
Les pleurs de la vieillesse et ceux de l'innocence,
Trésor inestimable aux yeux du Tout-Puissant.

VI

Lorsque la nuit enfin eut envahi l'espace,
Emma se releva, disant d'une voix basse :
« Adieu, mon bien-aimé, je reviendrai demain. »
Le vieillard l'imita, l'âme moins oppressée :
Longtemps sur sa poitrine il la retint pressée ;
Puis, tous deux, du château reprirent le chemin.

UN RÊVE.

22 décembre 1849.

Je rêvais l'autre nuit qu'après un long voyage,
D'un pays inconnu je saluais la plage ;
Et que j'avais, alors, me livrant au hasard,
Pris le premier chemin s'offrant à mon regard.
Bientôt je m'étais vu dans une ville immense,
Où la misère en pleurs coudoyait l'opulence ;
Et, si mon souvenir ne me sert pas en vain,
Dont le nom me parut être un vieux mot romain.
Rivalisant entre eux de goût et d'harmonie,
De nombreux monuments créés par le génie,
Au voyageur surpris à leur magique aspect,
Comme un juste tribut imposaient le respect.

Chose étrange pourtant et difficile à croire !
L'œil était attristé par une plaque noire,
Qui, fixée au sommet de chaque monument,
Dans le cœur le plus froid jetait l'étonnement.
De regrets et de deuil pourquoi donc cet emblème?
Cette plaque pour moi demeurait un problème
Que je cherchai longtemps sans pouvoir obtenir
Une solution qui dut lui convenir.
J'allais y renoncer enfin de guerre lasse,
Quand je vis un vieillard qui traversait la place.
Il venait lentement et le regard baissé ;
Sous le poids de ses ans il semblait affaissé ;
Mais, de tant de douceur ses traits portaient l'empreinte,
Que je me résolus à lui parler sans feinte.
Pardonnez-moi si j'ose ainsi vous déranger,
Lui dis-je en l'abordant, mais je suis étranger.
Si par mes questions de votre temps j'abuse,
Dans mon titre, monsieur, veuillez voir mon excuse.
— Nullement. Disposez de mon temps et de moi.
— Veuillez me dire alors, répondis-je, pourquoi,

Sur tous vos monuments, cette plaque néfaste
A leur noble splendeur oppose son contraste?
D'un courroux contenu son œil brilla soudain.
Puis avec un soupir : C'est la loi du destin.
A son divin mandat ce pays est parjure ;
Et cette plaque... c'est... un sceau de flétrissure.
— De grâce, un mot encor, pour laver son honneur,
Pour se purifier, que lui faut-il? — du cœur !
Et son œil s'alluma d'une sainte colère.
Oui, du cœur ! reprit-il d'une voix de tonnerre,
Du cœur ! pour témoigner à la face des cieux
Que nos fils ont encor le sang de leurs aïeux,
Et qu'ils vont rendre enfin à ces mânes illustres
Leur éclat obscurci depuis plus de sept lustres.
Ces accents, cette voix pleine d'émotion,
Ce sein que soulevait son indignation,
Que l'amour du pays échauffait de sa flamme,
Ces larmes de vieillard me déchirèrent l'âme.
Vainement je voulus prononcer quelques mots,
Je ne pus, dans mon cœur, trouver que des sanglots.

. . . .
. . . .

Depuis longtemps déjà la nuit était venue.
Nous nous étions quittés. J'étais seul dans la rue,
Cherchant, mais sans succès, un endroit écarté
Où je pusse du jour attendre la clarté.
Tout à coup une voix suppliante et plaintive
Arrive jusqu'à moi. Mon oreille attentive
Saisissait quelques sons confusément jetés.
Je franchis la distance à pas précipités.
C'était un jeune enfant qu'un homme de justice,
Ou plutôt, pour mieux dire, un homme de police
Secouait par le bras, sans trève ni répit.
Il l'avait, disait-il, pris en flagrant délit.
Grand Dieu! pouvait-on voir perversité plus grande!
Et j'entendis les mots de prison et d'amende.
Qu'a donc fait cet enfant? — Ce maraud, que voici,
Est allé s'installer à trente pas d'ici,
Aux portes d'un hôtel où se donne une fête,
Et là, le croiriez-vous, de sa triste requête

Il fatiguait les gens qui se rendaient au bal.
Mais pour lui, j'en réponds, cela finira mal.
—Que leur voulait-il donc? — La question m'étonne.
Ce qu'il voulait, monsieur? il demandait l'aumône.
— Est-ce ma faute, à moi, si je n'ai pas de pain,
Dit l'enfant désolé. Faut-il mourir de faim?
Là-haut, dans un grenier, languit ma vieille mère.
Ah! si vous connaissiez notre affreuse misère,
Vous me pardonneriez de demander le pain
Dont ma mère a besoin pour vivre encor demain.
L'acte de cet enfant me parut légitime.
Aussi, d'un air surpris : Est-ce pour ce seul crime,
Dis-je à mon alguazil, que vous le menacez?
— Certainement, monsieur; n'est-ce donc point assez?
De quel droit irait-il sur la place publique
Crier à tout passant d'un ton mélancolique :
Du pain! — S'il n'en a pas? — Et que m'importe, à moi?
Je suis de la police et ne vois que la loi.
Mais vous, dont le langage éveille en moi le doute,
Faites-moi le plaisir de suivre votre route

Et de ne souffler mot. Car voyez-vous... sinon
Vous allez achever la nuit au violon.
Cet homme me couvait d'un long regard d'orfraie.
Dieu, je crois, m'inspira. Je pris quelque monnaie
Que je fis scintiller en silence à ses yeux.
Il la prit, s'éloigna, l'enfant resta joyeux.
Et moi je me disais : Ainsi, sur cette terre,
Lorsqu'un pauvre orphelin, pour secourir sa mère,
Des heureux de ce monde implore la pitié,
Il commet un délit par les lois châtié.
Dans ce pays, ma foi, la justice est bizarre,
Et ce peuple inconnu doit être un peuple avare.
Mais peut-être, après tout, si, dans cette cité,
Contre le pauvre il est tant de sévérité,
Sans doute que les lois ont, dans leur prévoyance,
Trouvé le moyen sûr d'éteindre l'indigence ;
Et ceux qui de l'État tiennent le gouvernail
Veulent sans doute ainsi propager le travail.

. . . .

J'avais suivi l'enfant, qui me servait de guide,

Et gravi l'escalier d'une maison fétide.

Quel spectacle ! où trouver d'assez sombres couleurs
Pour peindre ce séjour, cet antre de douleurs ?
A deux cents pas de là, vingt laquais en livrée,
Fendant les flots pressés d'une foule enivrée,
Présentent vingt plateaux aux élégants gloutons
Qui se pressent riants dans ces riches salons ;
Ici, sur un grabat, dans la pauvre mansarde,
Une femme se meurt... personne n'y prend garde !
Et, pendant qu'au chevet de ce lit de douleurs,
De deux petits enfants Dieu mesure les pleurs ;
Là-bas, dans un seul soir, fièrement on gaspille
De quoi nourrir dix ans cette pauvre famille !

. . . .

Le mari de la femme était un serrurier.
Bon père, bon époux, excellent ouvrier,
Quinze ans, sans qu'un seul jour s'affaiblit son courage,
Il avait su tirer son pénible attelage
Sans plaintes, sans regrets. Mais un jour vint, hélas !
Où l'artisan, le soir, chez lui ne rentra pas.

Et, ce soir-là, pourtant, les balles, la mitraille
Sifflaient de toutes parts comme en une bataille.
La famille bientôt se trouva sans appui ;
Le mari... les cachots s'étaient fermés sur lui !
Et, chose qu'éveillé je n'aurais pu comprendre,
On l'avait condamné sans le voir, sans l'entendre,
Sans preuves, sans témoins, bref, sans l'avoir jugé.

. . . .

Des pauvres parias je pris enfin congé,
Sans argent, mais du moins la conscience heureuse.
Au dehors, dans la rue, une voix caverneuse
Hurlait d'une chanson le bachique refrain ;
C'était mon alguazil... il était pris de vin.

. . . .

. . . .

Au coin le plus obscur d'une place déserte
Se dressait un palais dont la porte entr'ouverte
Semblait me convier d'y chercher un abri.
Un moment j'hésitai ; puis, prenant mon parti,
J'entrai résolument pour demander un gîte :

Si je suis éconduit, pour sortir j'en suis quitte,
Pensai-je en ma candeur. J'appelai plusieurs fois ;
Mais le silence seul répondit à ma voix.

Que pouvait être donc cette étrange demeure
Ouverte à tout venant, surtout à pareille heure,
Où mes cris répétés au milieu du repos
Ne réveillaient personne et mouraient sans échos ?
Le calme solennel de cette solitude
A mes regrets tardifs joignait l'inquiétude ;
Et cependant au bruit affaibli de mes pas,
Ainsi que mes terreurs, croissait mon embarras.
Je montai l'escalier. Une riche portière
Tamisait faiblement des torrents de lumière ;
Et tandis que j'étais indécis, haletant,
Elle frémit, s'agite, et s'écarte en grinçant.
Oh ! je l'avoue, alors, ma peur fut sans égale.
Un homme était debout, l'œil fixe, le front pâle,
Le visage irrité, le geste menaçant.
Un autre homme, vaincu par son regard puissant,
Immobile et défait, l'écoutait en silence.

Et le premier disait : A ta seule naissance,
Au nom que j'ai porté, qui jeta tant d'éclat,
Tu dus d'être nommé le chef de cet État.
Mais ce nom si fameux, dont tu sapes la base,
Est un fardeau trop lourd pour ton front qu'il écrase.
Tout était grand chez moi, mes fautes, mes exploits.
Un seul mot de ma bouche épouvantait les rois,
Et la terre, interdite en me voyant paraître,
Frissonnait sous mes pas, reconnaissant le maître.
Pourtant je suis tombé... Mais, toi, présomptueux,
Quels hauts faits ont rendu ton front majestueux ?
Les filets dont tu veux couvrir ce territoire
Ont-ils été du moins dorés par la victoire ?
Si je lis dans ton cœur, sois donc franc devant moi,
Et réponds, si ton sang n'est pas glacé d'effroi.
Héritier de mon nom, l'es-tu de mon génie ?
Tôt ou tard le succès immérité s'expie ;
Et lorsque le vautour, d'un vol audacieux,
Se comparant à l'aigle, ose braver les cieux,
Dans son essor superbe, arrêté par la foudre,

Il retombe sanglant et se meurt dans la poudre.

. . . . , . . .

. . . .

Un bruit épouvantable à ces mots retentit,
On eût dit que la mer, s'élançant de son lit,
Précipitait ses flots sur la terre tremblante.
A ce bruit répondit une voix mugissante ;
La nue, en s'entr'ouvrant, vomit tous ses éclairs;
Un ardent météore éclata dans les airs ;
Et moi je m'éveillai de ce songe pénible.
Mais je crois avoir vu dans cet instant terrible
Tous les signes de deuil, brisés violemment,
Passer comme un nuage emporté par le vent.

FIN.

TABLE DES MATIÈRES.

	Pages
Préface.	5
A Clémence.	9
A Marie. — Mes adieux.	15
A Isaure.	17
Aux Républicains de la veille.	19
A ma Cousine, pour le jour de sa fête.	21
Le jeune Volontaire.	24
A Valentine. — Le voyage.	27
A Valentine. — L'absence.	30
A la Liberté.	32
Aux Électeurs, sur la non-réélection de Lamartine.	41
Aux Optimistes.	44
Henri.	49
Un Rêve.	59